M. ÉTIENNE LAMY

Député du Jura,

ET

L'AMNISTIE

PAR

 Noël AMAUDRU

PRIX : 10 CENTIMES

PARIS

LIBRAIRIE UNIVERSELLE DE GODET JEUNE

9, Place des Victoires, 9

Et chez tous les libraires.

1876

M. LAMY ET L'AMNISTIE

Petit, brun, myope, avocat, républicain, clérical, ennemi personnel de l'amnistie, M. Etienne Lamy a été élu, lui aussi, en ce jour de malheur qui a failli nous donner Henry V et qui n'a produit que le 24 mai. Connaissez-vous M. Desjardins, l'aimable, le flexible, l'élégant M. Desjardins, d'officielle mémoire. M. Lamy est, au physique, le sosie de M. Desjardins. Il est de ces gens qui sont prédestinés à la cravate blanche et à la contre-marque des sociétés savantes. Il y a, dans cette moitié d'homme d'Etat, du diplomate et du gommeux, le tout mixtionné et combiné selon la formule de la rue des Postes.

Avec cela 31 ans, l'âge des grandes passions !

Le *Figaro*, qui a toujours eu un faible pour cet intéressant éphèbe de la politique opportuniste, donne sur lui les renseignements suivants : on peut le croire, tout le monde sait que le *Figaro* n'est pas tendre ordinairement pour les membres de la gauche et qu'il ne leur ménage pas les invectives et les calomnies.

« M. Lamy appartient à la première bourgeoisie du pays; élève du Père Lacordaire à Sorèze et du collége Stanislas, à Paris, en 1871, *a été nommé, grâce à l'appui du clergé*, et il est probable qu'il a jeté ses patrons par-dessus bord aux dernières élections. »

Rassurez-vous, bon *Figaro*. Votre protégé sait trop ce qu'il leur doit, à ses anciens patrons, pour être aussi incivil à leur égard. Ce qui a, jusqu'ici, fait la fortune de M. Lamy, c'est précisément cette alliance bizarre de principes qui s'excluent et que résument fort bien, d'ailleurs, ces deux mots : républicain-clérical.

Le jeune député du Jura était encore dans les limbes de la politique, avant 1870-71. Quelques biographes, plus empressés qu'exacts, ont avancé qu'il était secrétaire de M. Jules Grévy. Ce bruit a même circulé dans le département et a peut-être concouru au succès de cette candidature hybride. Nous sommes en mesure d'affirmer qu'il n'est nullement fondé, et que M. Grévy l'aurait démenti publiquement, sans l'intervention de quelques personnes officieuses.

Pendant la guerre, nous voyons pour la première fois M. Lamy apparaître dans un coin de la scène politique, en qualité de secrétaire particulier de M. Trouillebert, administrateur provisoire du Jura, poste qu'il aurait conservé paisiblement pendant toute la durée de la guerre, si les vives et nombreuses réclamations des habitants de Lons-le-Saulnier ne l'avaient forcé de revêtir, comme les camarades, l'uniforme militaire.

Nous n'avons pas à insister sur cette triste période de notre histoire nationale ni sur ce drame lugubre qui a nom : la Campagne de l'Est. Le Jura plus que tout autre département, peut-être, subit la pression de l'occupation étrangère.

La fatale méprise qui donna naissance à l'Assemblée de Bordeaux dut peser là, comme ailleurs, dans la balance électorale. La nuit s'était faite dans les esprits : l'horizon était incertain : on se cherchait, on s'appelait dans les triples ténèbres accumulées par l'invasion, par la trahison des uns, par la faiblesse ou l'incapacité des autres. Rendons toutefois cette justice au Jura, que ce noble département ne s'abandonna pas dans cette crise suprême : il vota la liste républicaine, sur laquelle figuraient MM. *Paul Besson* et *Lamy*. Ce dernier déploya dans cette campagne une rare habileté. Il fut prodigue de promesses envers tous les par-

tis; il sut à la fois intéresser le clergé et rassurer les vétérans
de la démocratie. Ces faits sont trop connus pour qu'il se per-
mette de les révoquer en doute. Bref, il fut élu.

A Versailles, pendant que M. Besson, plus franc ou moins
habile, s'enfonçait dans la droite, M. Lamy s'efforça constam-
ment de rester fidèle à sa double origine et à son double mandat. Il vota pour la dissolution, soutint M. Thiers au 24 mai ; mais
il vota aussi pour les aumôniers militaires, s'abstint à l'occasion
de l'église du Sacré-Cœur, et ne se décida à voter contre la loi
de l'enseignement supérieur qu'après avoir longtemps tergi-
versé.

M. Paul Besson, dont il est resté l'ami intime, l'appela dès
lors son enfant prodigue. Ce nom lui a été conservé, dit-on, par
ses amis et ses familiers qui appartiennent tous au monde
clérical. Il a longtemps fait partie du cercle catholique du
Luxembourg et il n'a donné sa démission que lorsqu'il a vu que
l'attouchement journalier des chers frères Veuillot devenait
compromettant pour sa candidature républicaine. Il a toujours
édifié ses commettants par le nombre et la qualité de ses com-
munions.

Cependant, les électeurs du Jura, tout en approuvant l'ensemble des votes de leur représentant, avaient remarqué avec un
certain déplaisir ses tendances orthodoxes. La légende de Paul
Besson se répéta de bouche en bouche : il fut décidé, toutefois,
qu'on ne condamnerait pas le coupable sans l'entendre. C'est
alors que le sémillant secrétaire de l'Assemblée prononça à Saint-
Claude ce fameux discours qui devait être une exposition de principes et qui ne fut qu'une mauvaise plaisanterie. La phrase
qui le terminait était tout à fait caractéristique : « En fait de
politique, je préfère la musique. »

M. Lamy, par ses allures mystérieuses, par sa politique am-
phibie, par son attitude équivoque, avait trouvé moyen de mé-
contenter tout le monde. Les cléricaux l'anathématisaient, les
républicains le suspectaient : il se trouvait donc entre deux
feux.

Mais le 20 février approchait.

L'apparition de la candidature réactionnaire de M. Villevert donna à réfléchir aux comités républicains. Il fallait, à tout prix, se serrer autour du drapeau commun et marcher au scrutin avec discipline. M. Lamy fut admis à s'expliquer sur le sens qu'il accordait à la Constitution et sur la ligne qu'il comptait suivre dans la nouvelle législature. Il s'acquitta de ce devoir à avec son habilité habituelle. Le mot d'amnistie fut même prononcé en différentes circonstances devant lui. Il *parut* l'accueillir avec faveur et comme une chose convenue qui ne souffrait pas de difficulté. Si ce détail lui est sorti de la mémoire, nous sommes prêt à lui citer d'honorables citoyens de son arrondissement qui pourront le lui confirmer. Une adresse lui fut donc envoyée : elle était conçue en termes flatteurs : « *Nous faisons appel à votre dévouement* (!) pour représenter l'arrondissement de Saint-Claude à la Chambre des députés... » M. Lamy se *dévoua* et lança une profession de foi, où il semblait avoir pris à tâche de je er de la poudre aux yeux de ses électeurs. Tous les lieux communs de la politique, tout le bric-à-brac des périodes électorales ont été mis à contribution. « L'heure est venue, disait-il, de la République avec les républicains... La République n'est ni une représaille ni une aventure... Seuls, le privilége et l'intolérance, ces deux formes du désordre, la trouveraient inflexible, et surtout les excès qui oseraient invoquer pour prétexte la République... » Puis venait une critique, fort juste d'ailleurs, de l'administration française.

Nous nous demandons comment les comités républicains ont pu se contenter d'un exposé aussi incomplet et de formules aussi élastiques. Pour peu que l'on étudie la prose vague et lâche de M. Lamy, on y cherche en vain une déclaration nette et précise sur les questions à l'ordre du jour et sur les principaux points qui font partie de tout programme vraiment démocratique. Pas un mot, en effet, sur la question vitale de l'enseignement. — Et pourtant, en pressant un peu leur candidat, les électeurs de Saint-Claude auraient acquis la triste certitude que M. Lamy est foncièrement hostile à l'enseignement laïque et obligatoire. Pas un mot sur la réforme fiscale ni sur notre système d'impôts. Quant à la séparation de l'Eglise et de l'Etat, en faveur de laquelle il s'est, dit-on, prononcé, encore faut-il savoir ce qu'il entend par là. Pas un mot sur l'amnistie, une question qui imposait, celle-là; pas un mot sur les réformes à apporter à notre système militaire !

C'est seulement au sein de la commission qu'il se révéla comme l'adversaire acharné de toute amnistie, même partielle.

Le cléricalisme intermittent de monsieur reprenait le dessus. Grand fut l'ébahissement des braves populations du Jura.

Mais, une fois lancé sur cette pente, M. Lamy ne devait pas s'arrêter; il lâcha ce discours pitoyable et impitoyable qui lui attira les applaudissements de la droite et de la presse réactionnaire. Par une étrange coïncidence, qui a été remarquée, d'ailleurs, ce discours fut prononcé au moment même où le nom de M. Lamy était mis en avant pour le poste de sous-secrétaire d'Etat. Son étoile le poussait sans doute.

Quoi qu'il arrive, M. Lamy est mûr pour le gouvernement. Seulement, n'oublions pas qu'en France, c'est précisément par le pouvoir que nous usons la plupart de nos hommes politiques.

Examinons un peu ce chef-d'œuvre de l'esprit de parti (1). M. Lamy débute par une distinction subtile entre la grâce et l'amnistie, où l'on retrouve l'influence décisive des thomistes de Sorèze.

« La grâce, dit-il, est l'examen de tous les dossiers et, pour tous les condamnés dont la faute offre des excuses, la fin de la peine. »

Nous, qui ne sommes pas théologiens, nous disons : La grâce est une mesure incomplète, forcément stérile en résultats. Avec

(1) *Journal officiel* du 17 mai 1876.

la grâce, le condamné redevient un homme mais non un citoyen; il est libéré de la peine, il garde la flétrissure et par conséquent la rancune. L'amnistie, au contraire, c'est l'égalité dans la clémence ; il vaut mieux laisser dix coupables impunis que de frapper un innocent. C'est le retour de l'enfant prodigue, s'il nous est permis d'employer des métaphores que ne désavouerait pas un élève de Sorèze, c'est enfin une preuve vivante et glorieuse de la force et de la vitalité de la République.

Tel n'est pas l'avis de l'implacable M. Lamy : « Si les condamnés de la Commune retrouvent leur famille, leur liberté, leur patrie, peu importe à l'humanité qu'ils les retrouvent par la grâce. »

Quoi ! il importe peu, monsieur le futur sous-secrétaire d'Etat, que ces hommes, une fois revenus au milieu de nous, ne soient pas réduits à la condition de parias, il importe peu qu'ils oublient leurs rancunes, il importe peu que les traces de nos discordes civiles soient effacées et que la paix soit entre tous les Français ! Vous ne voyez, vous, aucune différence entre le citoyen régénéré par l'amnistie et le « condamné diminué dans sa dignité et dans ses droits? »

Il faut voir avec quel superbe dédain il discute et juge ce problème historique sur lequel le discours de M. Clémenceau a jeté une si vive lumière. Selon l'imperturbable orateur, la Commune n'avait aucune raison d'être, elle est sortie inopinément de terre, un beau matin, comme un champignon.

Voilà une théorie philosophique, capable de dérouter les Vico, les Herder, les Michelet, tous ceux enfin qui sont habitués à réfléchir sur les causes et l'enchaînement logique des événements. Mais il faut citer, et ce sont là des appréciations que les électeurs du Jura n'auront garde d'oublier.

« Si jamais insurrection a été coupable, a mis la société en état « de légitime défense, doit rester condamnée devant l'histoire, « c'est la Commune.

« Oui, toutes les raisons qui peuvent imposer leur respect aux

« hommes leur commandaient alors le calme et l'obéissance. Le
« gouvernement était un gouvernement légal, il était issu du
« suffrage universel, il s'appelait la République.

« Cette République était menacée par l'Assemblée, a-t-on dit,
« Messieurs, quand l'insurrection a éclaté, l'Assemblée n'avait
« pas un mois de date, et elle ne s'était encore signalée, au point
« de vue politique, que par deux actes : la nomination du chef
« du pouvoir exécutif et l'acceptation d'un cabinet *plus républi-*
« *cain dans son ensemble qu'aucun de ceux qui lui ont suc-*
« *cédé... etc.* »

Les détresses morales et matérielles de la grande ville, ses
cinq mois de luttes et de souffrance, la question des loyers, la
suppression brusque des *trente sous*, la décapitation de Paris
par Bordeaux, les symptômes inquiétants qui se révélaient au
sein de la nouvelle Assemblée, les défiances dont on entourait
les représentants les plus populaires de la démocratie, sans compter l'intervention des influences occultes, les aveux de MM. Thiers,
et Jules Favre, et cet instinct étonnant, quasi surnaturel, qui fait
se dresser Paris en sursaut, lorsque la République est en danger, tout cela est lettre morte pour l'inexorable orateur. « Se
faisant des hommes et des événements une idée assurément ori-
ginale, dit *le Rappel* (1), M. Lamy estime que l'on était en droit,
à l'époque du 18 mars, d'attendre de la population parisienne
un calme, une quiétude absolue. C'est la première fois qu'une
telle opinion est formulée et nous donnons acte à M. Lamy de
son droit de priorité pour cette belle affirmation ; nous lui donnons acte de l'assurance dont il a fait preuve en venant, mora-
liste attardé et philosophe aisément résigné, dire, après cinq
ans, aux malheureux jetés dans cette fournaise : « Vous avez
manqué de calme ! »

M. Lamy, après cette belle sortie, s'est embarqué dans une dis-
sertation confuse, pétrie de lieux communs, sur le respect de la

(1) 18 mai 1876.

loi, de la patrie, après quoi il a attaqué bravement l'idée d'amnistie partielle. Faisant appel aux plus basses rancunes de l'assemblée, renouvelant cette éternelle comédie de la peur qui a si peu réussi à M. Buffet, l'orateur a montré l'avant-garde de la Révolution envahissant l'enceinte parlementaire même et venant réclamer le retour du gros de l'armée. « Vous descendrez, s'est écrié ce Jérémie en habit noir, de concessions en concessions, abandonnant dans chaque lutte quelque chose de votre volonté, et un jour viendra où vous n'aurez plus rien à céder, où l'amnistie entière sera faite après avoir longtemps agité la France, vous vous la serez laissé arracher mois par mois, homme par homme, lambeau par lambeau, et vous n'aurez pas même pour vous ce courage dans une fausse mesure et l'apparence de la magnanimité ».

Il y a une étrange analogie entre ces lugubres prédictions et la phrase fameuse de M. de Broglie au 24 mai : « ... Périr après avoir livré à l'ennemi les clefs de la citadelle... c'est joindre au malheur d'être victimes le ridicule d'être dupes. » Les bons esprits se rencontrent. Nous partageons toutefois, en faisant nos réserves bien entendu, l'avis de M. Lamy sur les vices inséparables des demi-mesures. Nos amis politiques, qui n'ont pas cru devoir se rallier à la proposition Raspail, ont été mus par un désir bien naturel et parfaitement légitime d'entente et de conciliation : mais il est clair que l'amnistie partielle participe de tous les inconvénients de la simple grâce sans procurer les mêmes avantages que l'amnistie complète. Sur qui se fixeraient les choix ? Qui serait arbitre dans cette délicate question ? Comment séparer les crimes et les délits de droit commun du milieu politique où ils se sont produits ? Comment établir la part des responsabilités ? Comment croire, dit encore M. Clémenceau, qu'une insurrection qui a mis en mouvement deux millions d'hommes pourrait se réduire aux proportions d'un énorme fait de droit commun ?

M. Lamy se dévoue, du reste, aux dieux infernaux du radicalisme. Il accepte, le pauvre homme, l'hostilité de quelques anarchistes.

« Elle est un gage donné à cette autre opinion dont on ne vous a pas parlé, à ce te opinion moyenne, dénuée d'ardeur et surtout de fanatisme politique; qui cherche dans le gouvernement non une théorie à satisfaire, mais des intérêts à rassurer... »

C'est aussi, monsieur, et vous omettiez de le dire, un gage donné à ces « anciens patrons » dont parle votre ami *Figaro*, un pas vers le bercail d'où vous n'auriez jamais dû sortir, et, en même temps, un acheminement vers les sphères dorées du pouvoir.

De l'audace, encore de l'audace! « Or, poursuivez-vous, cette opinion, qui répugne profondément à l'amnistie, ce n'est pas l'opinion d'une minorité, ce n'est pas celle des classes dirigeantes, dont on parlait tout à l'heure; c'est celle de la France, à l'exception d'un très-petit nombre de villes, d'un très-petit nombre d'individus... Comment ceux qui voudraient d'ordinaire la dépendance la plus étroite de l'élu envers ses électeurs sont-ils ceux qui nous proposent de faire un acte désavoué par le pays? »

Halte-là, monsieur! Vous parlez bien à l'aise de l'opinion du pays? La connaissez-vous exactement? La question d'amnistie a-t-elle été posée nettement devant le suffrage universel? En ce qui vous concerne personnellement, nous pouvons vous affirmer que vous avez commis là une erreur ou une faute, une erreur, si vous avez foi dans la valeur de vos informations, une faute, si n'ayant aucune notion précise sur l'opinion de vos électeurs, vous vous permettez de la formuler d'une façon aussi tranchante, aussi absolue. Si votre siége était fait, si votre conviction était aussi inébranlable, pourquoi ne vous êtes-vous pas expliqué catégoriquement avant votre élection? Pourquoi n'avez-vous pas flétri alors les propositions d'amnistie avec l'énergie dont vous avez fait preuve dans votre dernier réquisitoire, énergie telle, qu'elle nous induirait à vous prendre pour une des malheureuses victimes de la Commune, si le souvenir de la grosse indemnité qui vous a été allouée ne nous rassurait bien vite de ce côté. Qui vous a autorisé à tenir ce langage? où est votre mandat? Quoi! vous vous engagez sans sourciller sur un terrain aussi brûlant, sans vous inquiéter de l'avis de vos commettants, vous prétendez trancher la question, de votre propre chef, avec le glaive de votre jeune expérience!

Eh bien, nous sommes en mesure de vous apprendre, monsieur, ce que vous ignorez, volontairement peut-être. Votre discours a produit parmi vos électeurs non pas seulement de la surprise, mais de l'indignation.

Vous avez avancé, dans nous ne savons plus quel endroit de votre philippique, qu'il fallait réagir contre ce préjugé en vertu duquel la République tomberait fatalement des mains des modérés entre celles des exagérés.

Nous n'avons pas une foi illimitée dans les proverbes qui s'adaptent à tous et à tout comme les chaussures du *mouton à cinq pattes ;* mais nous pensons, avec M. Thiers, que l'avenir appartient aux plus sages, et les plus sages, ce sont les plus logiques.

M. Lamy a conclu par des considérations transcendantes sur l'impression fâcheuse que le vote de l'amnistie produirait, selon lui, en Europe. C'est toujours le vieux cliché des distributions de prix : « La France vous regarde, mes enfants, l'Europe a les yeux sur vous... En avant, la musique! »

Nous laissons au lecteur le soin de deviner quelle impression l'amnistie pourrait produire, en Allemagne par exemple. L'Allemagne n'est-elle pas demeurée tranquille spectatrice de la dernière guerre civile? Le véritable danger pour elle ne vient-il pas de Rome? C'est l'avénement du cléricalisme qui nous aurait brouillés avec elle, si le pays n'y avait mis bon ordre.

« Montrons que nous sommes unis, résolus, capables de supporter les responsabilités et, puisque *la fermeté est la première vertu que nous devons exercer,* montrons que notre gouvernement a des frontières inviolables à l'anarchie. »

Il va sans dire que ce discours a reçu sa juste récompense dans les applaudissements qu'il a soulevés. On y sent, en effet, d'un bout à l'autre, le parti pris, une passion aveugle, une horreur invincible pour toute discussion sérieuse d'une question qui intéresse la vie et la sécurité de 150,000 individus, sans compter la sécurité du pays.

M. Lamy a été, du reste, conséquent avec lui-même. Lorsque parut la proposition Gatineau, relative à la cessation des poursuites, il se souvint que « la fermeté est la première vertu qu'il devait exercer » et refusa énergiquement de s'associer à cette mesure toute d'apaisement et de conciliation.

Il faut une morale à toute histoire.

La morale de celle que nous venons de narrer sera dédiée aux électeurs de l'arrondissement de Saint-Claude et, aussi, à tout le collége électoral du département du Jura.

Une triste expérience devrait nous éclairer sur la valeur des divers éléments dont se compose la vie politique. Nous sommes un peuple fétichiste, nous avons besoin de nous prosterner devant nos semblables. C'est pourquoi, dans la politique, les hommes tiennent tant de place et les principes si peu.

Certes, nous comprenons l'admiration, même exagérée, des électeurs de Saint-Claude pour leur représentant actuel. Mais ont-ils exigé de lui des déclarations précises sur chacun des points du programme démocratique, lui ont ils fait prendre des engagements ? Ne se sont-ils pas laissé leurrer par les phrases vagues et creuses de la profession de foi de M. Lamy ? Sur les questions à l'ordre du jour, telles que l'amnistie, l'enseignement laïque, la séparation de l'Eglise et de l'Etat, l'ont-ils forcé de donner le fond et le double fond de sa pensée ?

Nous pensons, nous, et nous disons, avec une franchise toute démocratique, que M. Lamy a été plus fort qu'eux tous et nous profitons de l'occasion pour proposer derechef aux électeurs cette arme de précision, ce critérium infaillible, cette pierre de touche de toutes les candidatures, ce remède à toutes les défaillances et à toutes les sottises, qui s'appelle : le *mandat impératif*.

Il faut que l'on s'habitue à voir dans nos représentants non des souverains, mais de simples délégués, non des maîtres, mais de très-humbles serviteurs.

Le Code militaire punit de mort celui qui abandonne son poste devant l'ennemi ; le code civil châtie rigoureusement celui qui commet un abus de confiance. Et la probité, en politique, ne recevrait pas une éclatante sanction ! Cette sanction, électeurs, c'est à vous de la donner ; c'est vous qui êtes les justiciers de vos représentants et c'est par le *mandat impératif* que vous ferez connaître votre volonté souveraine et respecter vos décisions.

DU MÊME AUTEUR

Pour paraître prochainement :

LE ROMAN D'UN ZOUAVE PONTIFICAL

En préparation :

IOUDAS LE GAULONITE.

HISTO'RE POPULAIRE DU JURA.

LA FILLE DU SACRISTAIN.

Paris — Typ. N. Blanpain, 7, rue Jeanne